Impressum
Verlag: BABADADA GmbH, Nedderfeld 112 , 22529 Hamburg
Geschäftsführer / Verlagsleitung: Harald Hof
Druck: Books on Demand GmbH, In de Tarpen 42, 22848 Norderstedt

Imprint
Publisher: BABADADA GmbH, Nedderfeld 112 , 22529 Hamburg, Germany
Managing Director / Publishing direction: Harald Hof
Print: Books on Demand GmbH, In de Tarpen 42, 22848 Norderstedt, Germany

المدرسة
la escuela

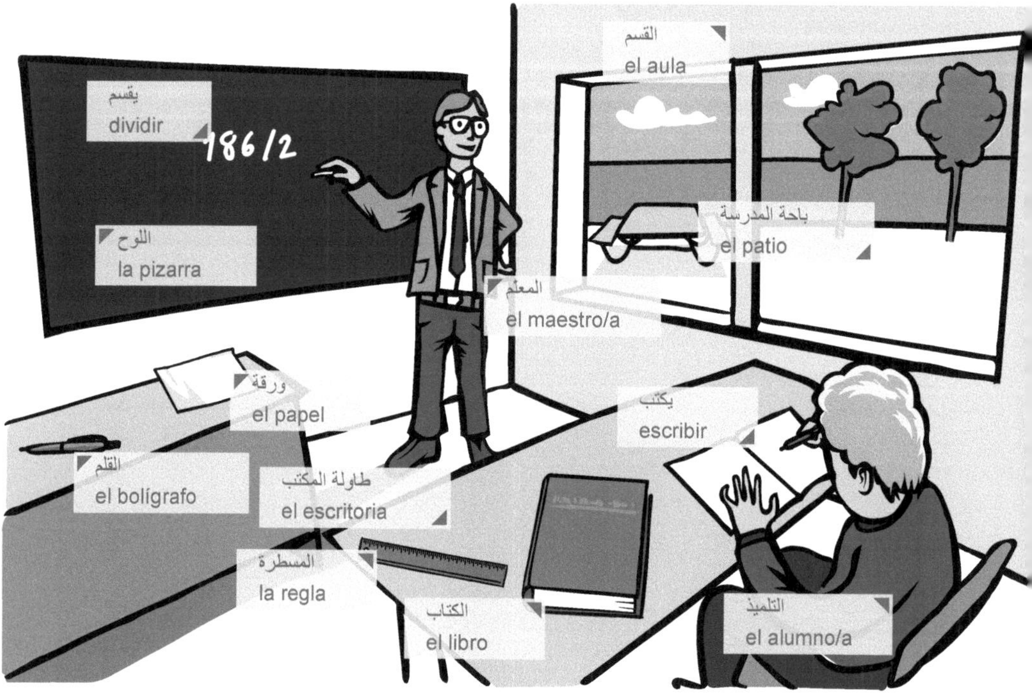

القسم
el aula
يقسم
dividir
186/2
اللوح
la pizarra
باحة المدرسة
el patio
المعلم
el maestro/a
ورقة
el papel
يكتب
escribir
القلم
el bolígrafo
طاولة المكتب
el escritoria
المسطرة
la regla
الكتاب
el libro
التلميذ
el alumno/a

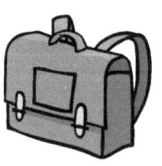

الحقيبة المدرسية
....
la cartera

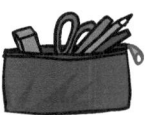

المقلمة
....
la caja de lápices

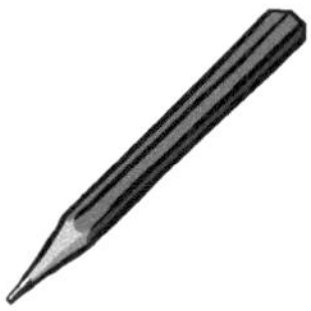

قلم الرصاص
....
el lápiz

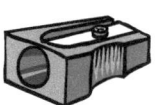

البرّاية
....
el sacapuntas

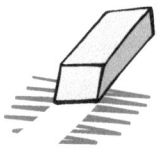

المِمحاة
....
la goma de borrar

دفتر الرسم
....
el cuaderno de dibujo

الرسمة

el dibujo

الفرشاة

el pincel

علبة التلوين

la caja de pinturas

المقّص

las tijeras

المادة اللاصقة

el pegamento

دفتر التمارين

el cuaderno de ejercicios

الواجب المدرسي

los deberes

12

الرقم

el número

2+2

يجمع

sumar

5-2

يطرح

restar

2×2

يضرب

multiplicar

يحسب

calcular

A

الحرف

la letra

ABCDEFG
HIJKLMN
OPQRSTU
VWXYZ

الأبجدية

el alfabeto

hello

كلمة

la palabra

النص

el texto

يقرأ

leer

الطبشور

la tiza

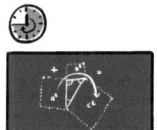

الحصة

la lección

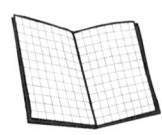

دفتر الدوام المدرسي

el cuaderno de notas

الامتحان

el examen

شهادة

el certificado

اللباس المدرسي

el uniforme

التعليم

la educación

الموسوعة

la enciclopedia

الجامعة

la universidad

المجهر

el microscopio

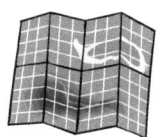

الخريطة

el mapa

قماما

la papelera

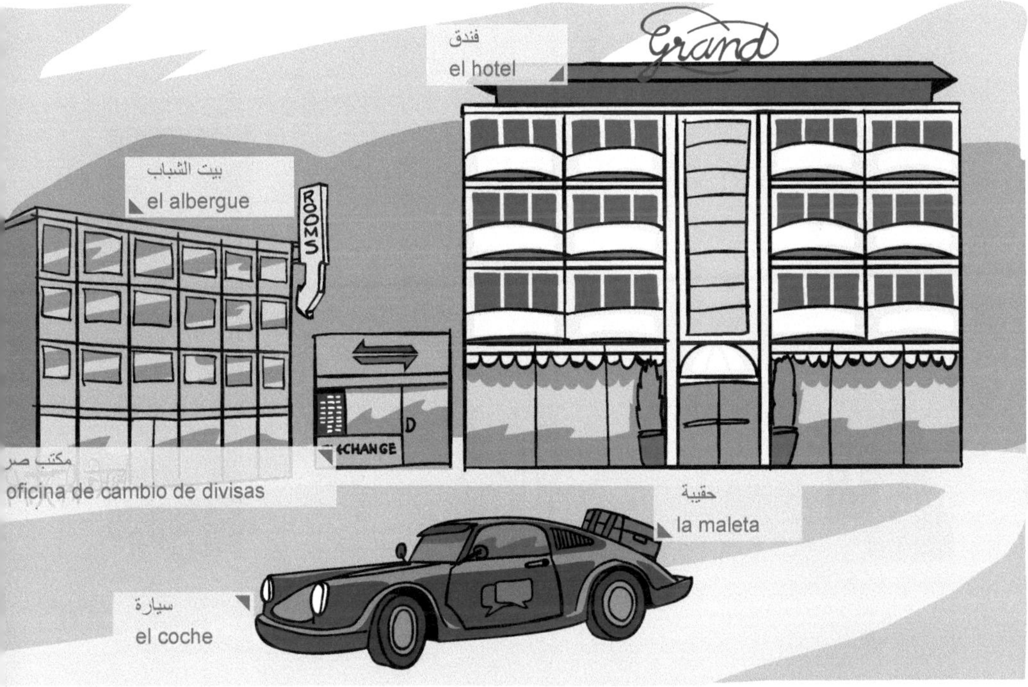

فندق
el hotel
Grand
بيت الشباب
el albergue
ROOMS
مكتب صر
oficina de cambio de divisas
حقيبة
la maleta
سيارة
el coche

اللغة

el idioma

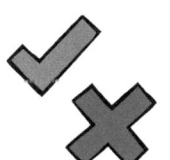

نعم / لا

sí / no

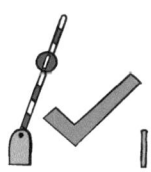

حسناً

Vale

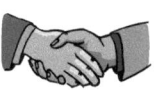

مرحباً

hola

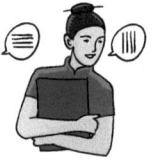

مترجم

el traductor

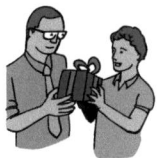

شكراً

Gracias

كم ثمن ...؟

¿cuánto es...?

لا أفهم

No entiendo

مشكلة

el problema

مساء الخير

¡Buenas tardes!

صباح الخير!

¡Buenos días!

ليلة سعيدة

¡Buenas noches!

إلى اللقاء

adiós

اتجاه

la dirección

أمتعة السفر

el equipaje

حقيبة

la bolsa

حقيبة ظهر

la mochila

ضيف

el invitado

غرفة

la habitación

كيس للنوم

el saco de dormir

خيمة

la tienda de campaña

استعلامات سياحية

la información turística

شاطئ

la playa

بطاقة ائتمان

la tarjeta de crédito

إفطار

el desayuno

طعام الغداء

el almuerzo

العشاء

la cena

بطاقة سفر

el billete

مصعد

el ascensor

طابع بريدي

el sello

حدود

la frontera

الجمارك

la aduana

سفارة

la embajada

تأشيرة

la visa

جواز سفر

el pasaporte

el transporte

طائرة
el avión

سفينة
el barco

سيارة إطفاء
el coche de bomberos

حافلة
el autobús

سيارة شاحنة
el camión

زورق آلي
la lancha a motor

دراجة
la bicicleta

سيارة
el coche

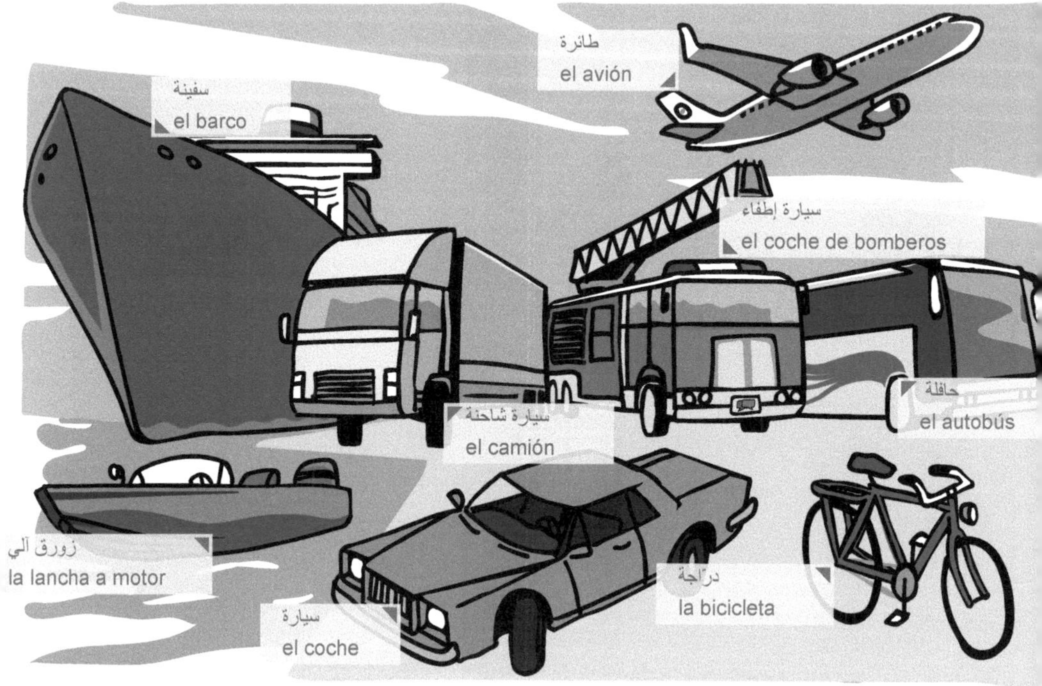

عبارة
....
el transbordador

قارب
....
la barca

دراجة نارية
....
la moto

سيارة شرطة
....
el coche de policía

سيارة سباق
....
el coche de carreras

سيارة مستأجرة
....
el coche de alquiler

أسلوب تشاركي في استئجار السيارات
....
el préstamo de vehículos

سيارة للجر
....
la grúa

سيارة نقل القمامة
....
el camión de la basura

محرك
....
el motor

وقود
....
la gasolina

محطة وقود
....
la gasolinera

إشارة مرور
....
la señal de tráfico

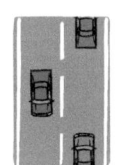

حركة السير
....
el tráfico

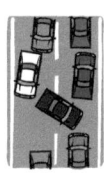

ازدحام سير
....
el atasco

موقف سيارات
....
el aparcamiento

محطة قطار
....
la estación de tren

سكك حديدية
....
las vías

قطار
....
el tren

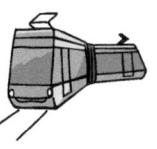

ترام
....
el tranvía

عربة قطار
....
el vagón

طائرة مروحية

el helicóptero

مطار

el aeropuerto

برج

la torre

مسافر

el pasajero

حاوية

el contenedor

علبة كرتون

la caja de cartón

عربة يد

la carretilla

سلة

la cesta

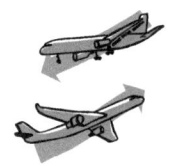

يقلع / يهبط

despegar / aterrizar

مدينة

la ciudad

قرية

el pueblo

مركز المدينة

el centro de la ciudad

بيت

la casa

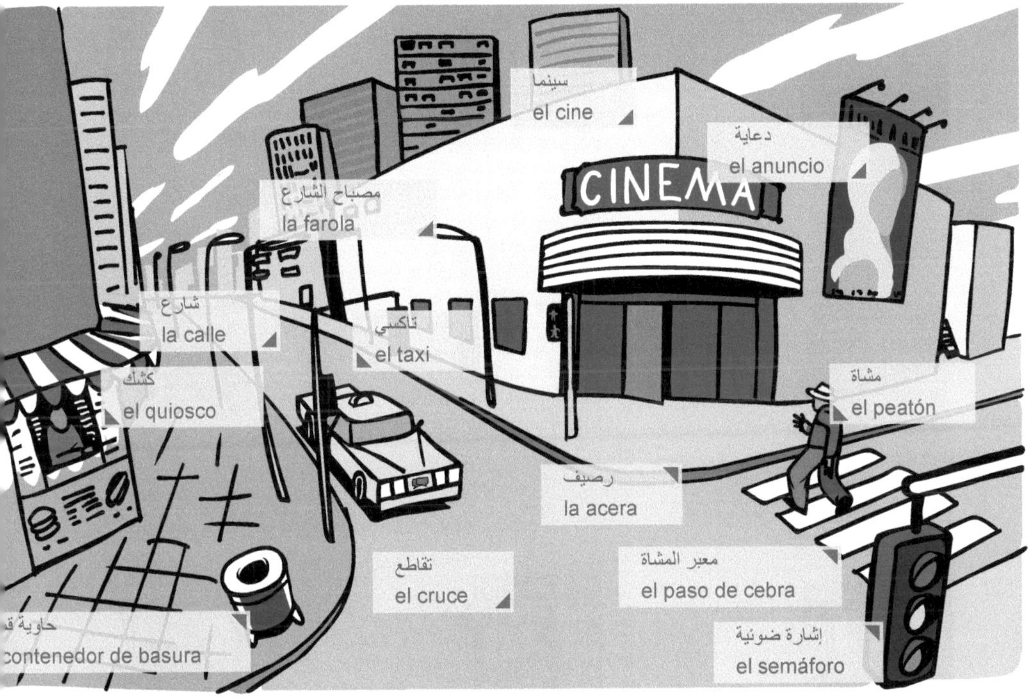

سينما
el cine

دعاية
el anuncio

مصباح الشارع
la farola

شارع
la calle

تاكسي
el taxi

كشك
el quiosco

مشاة
el peatón

رصيف
la acera

تقاطع
el cruce

معبر المشاة
el paso de cebra

حاوية ق
contenedor de basura

إشارة ضوئية
el semáforo

CINEMA

كوخ
....
la cabana

شقة
....
el apartamento

محطة قطار
....
la estación de tren

دار البلدية
....
el ayuntamiento

متحف
....
el museo

المدرسة
....
la escuela

الجامعة

la universidad

مصرف

el banco

المستشفى

el hospital

فندق

el hotel

صيدلية

la farmacia

مكتب

la oficina

مكتبة

la librería

متجر

la tienda de campaña

محل لبيع الزهور

la floristería

سوبرماركت

el supermercado

سوق

el mercado

متجر كبير

los grandes almacenes

تاجر السمك

la pescadería

مركز تسوّق

el centro comercial

ميناء

el puerto

x

حديقة عامة

el parque

مقعد

el banco

جسر

el puente

درج، سلم

las escaleras

مترو

el metro

نفق

el túnel

موقف حافلات

la parada de autobús

بار

el bar

مطعم

el restaurante

صندوق البريد

el buzón

لافتة باسم الشارع

el poste indicador

مقياس زمن الوقوف

el parquímetro

حديقة حيوانات

el zoo

مسبح

la piscina

مسجد

la mezquita

مزرعة

la granja

تلوث البيئة

la contaminación

مقبرة

el cementerio

كنيسة

la iglesia

ملعب الأطفال

el patio de juego

معبد

el templo

طبيعة ريفية

el paisaje

ورقة
la hoja

علامة إرشاد
la señal

طريق
el camino

مرج
el prado

حجر
la piedra

شجرة
el árbol

رحالة
el excursionista

نهر
el río

عشب
la hierba

زهرة
la flor

وادٍ
....
el valle

جبل
....
la colina

بحيرة
....
el lago

غابة
....
el bosque

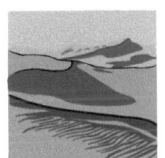

صحراء
....
el desierto

بركان
....
el volcán

قلعة
....
el castillo

قوس قزح
....
el arcoíris

فطر
....
el champiñón

نخلة
....
la palmera

بعوض
....
el mosquito

ذبّانة
....
la mosca

نملة
....
la hormiga

نحلة
....
la abeja

عنكبوت
....
la araña

خنفساء

el escarabajo

ضفدعة

la rana

سنجاب

la ardilla

قنفذ

el erizo

أرنب

la liebre

بومة

la lechuza

عصفور

el pájaro

بجعة

el cisne

خنزير برّي

el jabalí

غزال

el ciervo

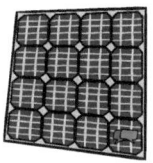

إلكة

el alce

سد

la presa

دولاب الطاحونة الهوائية

la turbina eólica

خلية شمسية

el panel solar

مناخ

el clima

مطعم
el restaurante

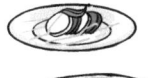

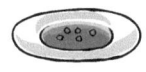

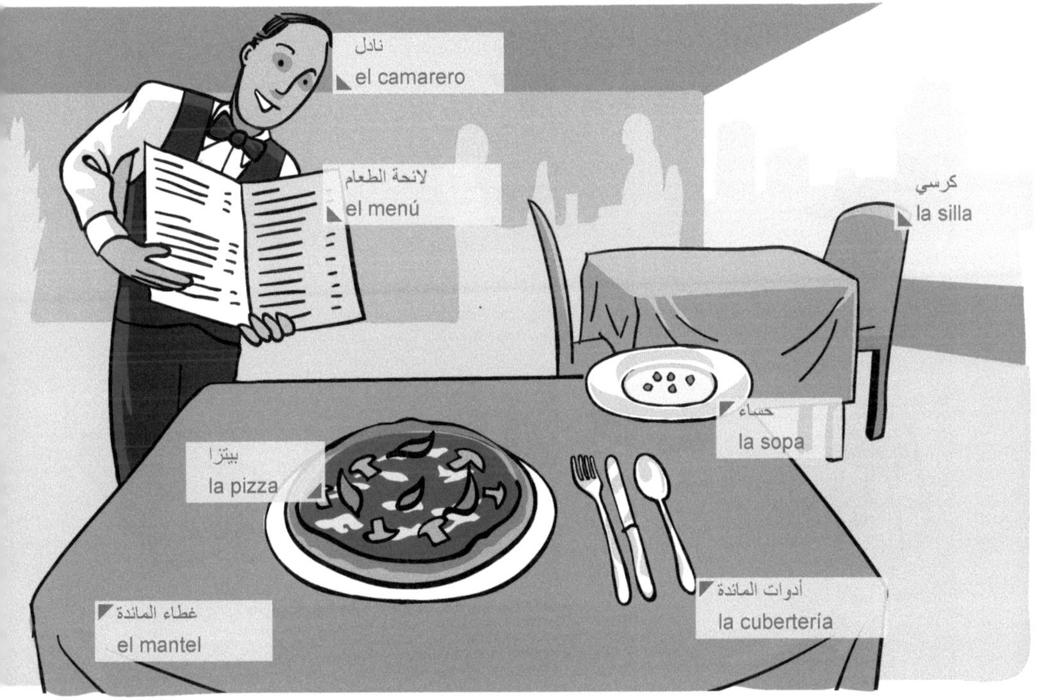
نادل
el camarero
لائحة الطعام
el menú
كرسي
la silla
حساء
la sopa
بيتزا
la pizza
غطاء المائدة
el mantel
أدوات المائدة
la cubertería

مقبلات
....
el primer plato

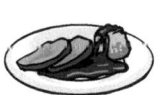

الصحن الرئيسي
....
el plato principal

حلوى أو فاكهة بعد الطعام
....
el postre

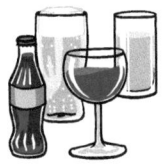

مشروبات
....
las bebidas

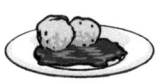

طعام
....
la comida

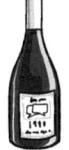

زجاجة
....
la botella

وجبات سريعة

la comida rápida

طعام الشارع

la comida callejera

إبريق الشاي

la tetera

علبة السكر

el azucarero

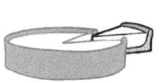

حصّة

la porción

آلة الإسبريسو

la cafetera expreso

كرسي عالٍ

la trona

فاتورة

la cuenta

صينية

la bandeja

سكين

el cuchillo

شوكة

el tenedor

ملعقة

la cuchara

ملعقة الشاي

la cucharilla

منديل المائدة

la servilleta

كأس

el vaso

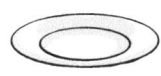

صحن
....
el plato

صحن الحساء
....
el plato hondo

صحن الفنجان
....
el platillo

صلصة
....
la salsa

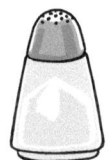

مملحة
....
el salero

مطحنة الفلفل
....
el molinillo de pimienta

خلّ
....
el vinagre

زيت الطعام
....
el aceite

توابل
....
las especias

كتشاب
....
el ketchup

خردل
....
la mostaza

مايونيز
....
la mayonesa

سوبرماركت
el supermercado

عرض خاص
la oferta especial
FOR
زبون
el cliente
مشتقات الحليب
los lácteos
فواكه
la fruta
عربة تسوّق
el carro de compra

BUTCHERS

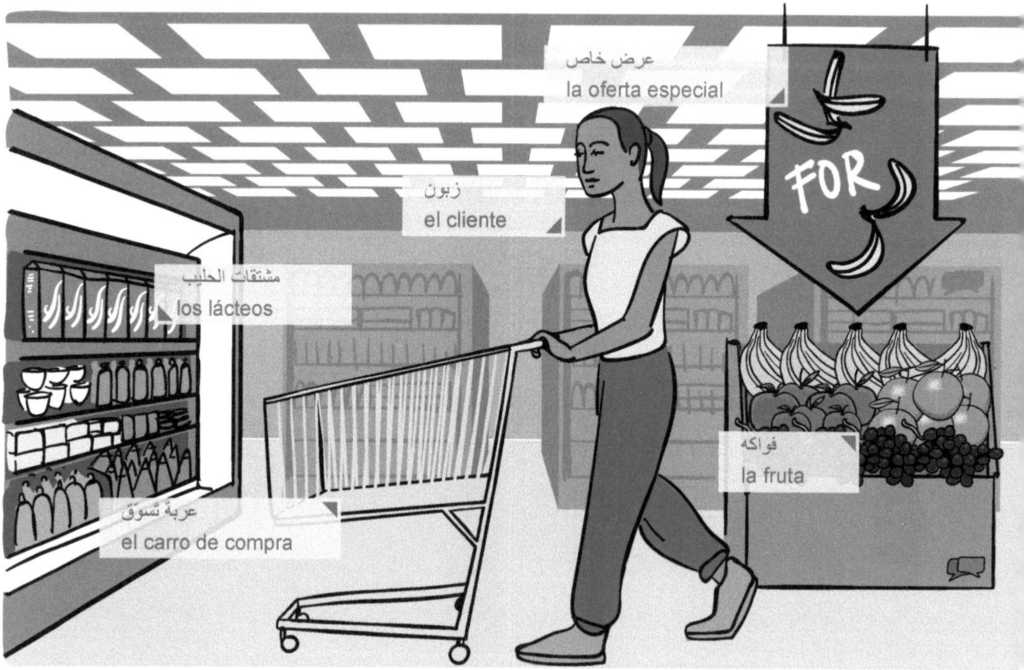

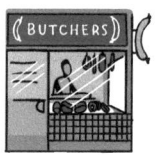

جزّار

la carniceria

BAKERY

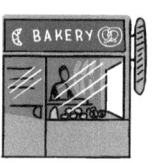

مخبز

la panadería

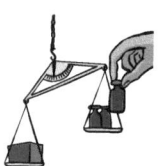

يزن

pesar

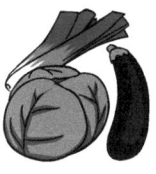

خضار

las verduras

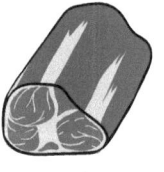

لحم

la carne

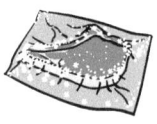

المأكولات المجمّدة

los alimentos congelados

مرتدلا أو جبن

los fiambres

معلّبات

las conservas

مسحوق الغسيل

el detergente en polvo

حلويات

los dulces

المواد المنزلية

productos de uso doméstico

منظّفات

productos de limpieza

بائعة

la vendedora

صندوق الحساب

la caja de cartón

أمين صندوق

el cajero

قائمة المشتريات

la lista de la compra

أوقات العمل

el horario de atención al público

محفظة النقود

la cartera

بطاقة ائتمان

la tarjeta de crédito

حقيبة

la bolsa de plástico

كيس بلاستيكي

la bolsa de plástico

las bebidas

ماء
....
el agua

عصير
....
el zumo

حليب
....
la leche

كولا
....
la cola

نبيذ
....
el vino

بيرة
....
la cerveza

كحول
....
el alcohol

كاكاو
....
el cacao

شاي
....
el té

قهوة
....
el café

قهوة إسبريسو
....
el expreso

كابوتشينو
....
el capuchino

موزة

el plátano

تفاح

la manzana

برتقال

la naranja

بطيخ

el melón

ليمون

el limón

جزرة

la zanahoria

ثوم

el ajo

خيزران

el bambú

بصل

la cebolla

فطر

el champiñón

لوزيات

las avellanas

شعيرية

los fideos

سباغيتي

las espagueti

أرز

el arroz

سلطة

la ensalada

بطاطا مقلية

las patatas fritas

بطاطا مقلية

las patatas fritas

بيتزا

la pizza

هامبورغر

la hamburguesa

ساندويش

el sándwich

شريحة لحم مقلية

el filete

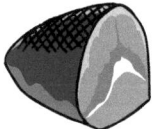

لحم خنزير

el jamón

سلامي

le salami

سجق

la salchicha

دجاج

el pollo

لحم محمر

el asado

سمك

el pescado

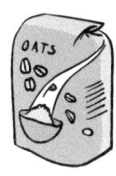

دقيق الشوفان

los copos de avena

موسلي

el muesli

كورن فلكس

los copos de maíz

طحين

la harina

كرواسان

el cruasán

خبز صغير

el panecillo

خبز

el pan

خبز محمص

la tostada

بسكويت

las galletas

زبدة

la mantequilla

لبن زبادي

la cuajada

كعكة

el pastel

بيضة

el huevo

بيض مقلي

el huevo frito

جبنة

el queso

مثلّجات

el helado

سكّر

el azúcar

عسل

la miel

مربّى الفاكهة

la mermelada

كريم النوغا

la crema de turrón

الكاري

el curry

مزرعة
la granja

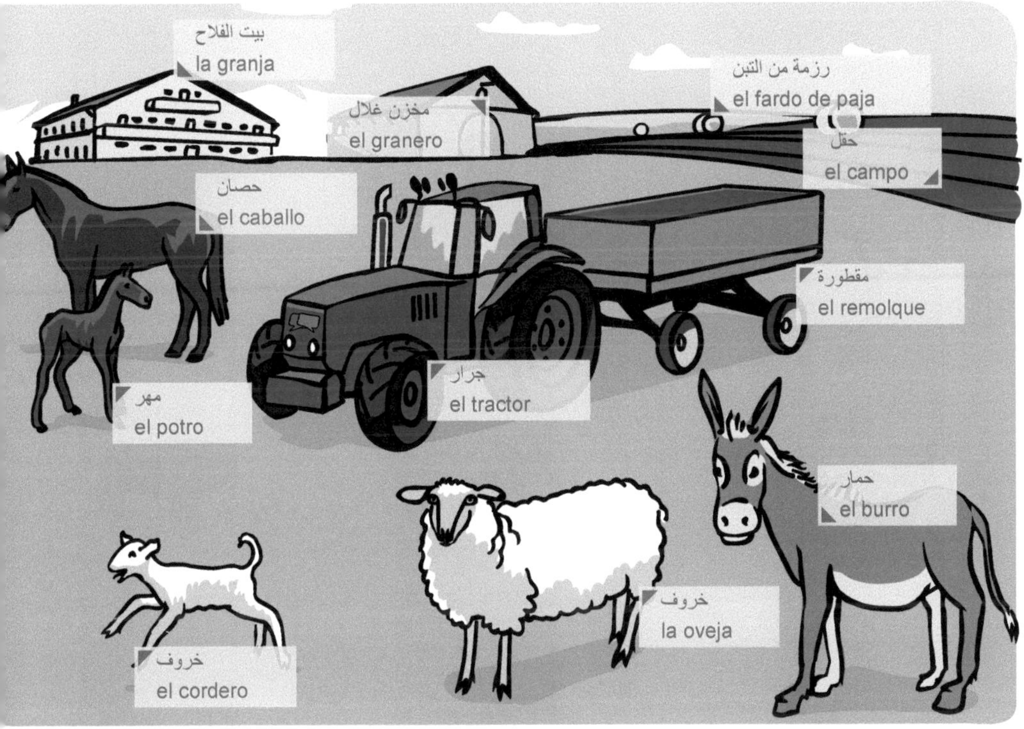
بيت الفلاح
la granja
مخزن غلال
el granero
رزمة من التبن
el fardo de paja
حقل
el campo
حصان
el caballo
مقطورة
el remolque
جرار
el tractor
مهر
el potro
حمار
el burro
خروف
la oveja
خروف
el cordero

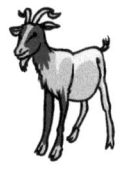

ماعز

la cabra

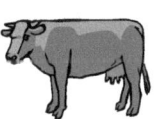

بقرة

la vaca

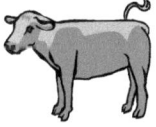

عجل

el ternero

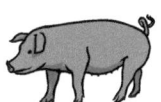

خنزير

el cerdo

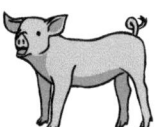

خنزير صغير

el cerdito

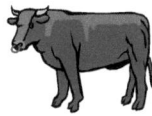

ثور

el toro

إوزّة
....
el ganso

بطة
....
el pato

صوص
....
el pollo

دجاجة
....
la gallina

ديك
....
el gallo

جرذ
....
la rata

قطّة
....
el gato

فأر
....
el ratón

ثور
....
el buey

كلب
....
el perro

كوخ الكلب
....
la perrera

خرطوم الحديقة
....
la manguera

إبريق
....
la regadera

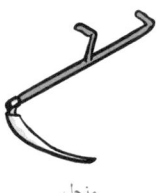

منجل
....
la guadaña

المحراث
....
el arado

منجل

la hoz

معزقة

la azada

مذراة الزبل

la horca

بلطة

el hacha

عربة يد

la carretilla

معلف

el abrevadero

صفيحة الحليب

la lechera

كيس

el saco

سياج

la valla

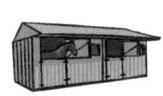

اصطبل

el establo

دفيئة

el invernadero

تربة

el suelo

بذور

la semilla

سماد

el fertilizador

حصّادة درّاسة

la cosechadora

يحصد

cosechar

محصول

la cosecha

بطاطا يامس

el ñame

قمح

el trigo

صويا

el soja

بطاطا

la patata

ذرة

el maíz

سلجم

la semilla de colza

شجرة فاكهة

el árbol frutal

نبات منيهوت

la mandioca

الحبوب

las cereales

la casa

مدخنة
la chimenea

سقف
el tejado

مزراب
el canalón

نافذة
la ventana

مرآب
el garaje

جرس الباب
el timbre

باب
la puerta

قماما
el cubo de basura

صندوق البريد
el buzón

حديقة
el jardín

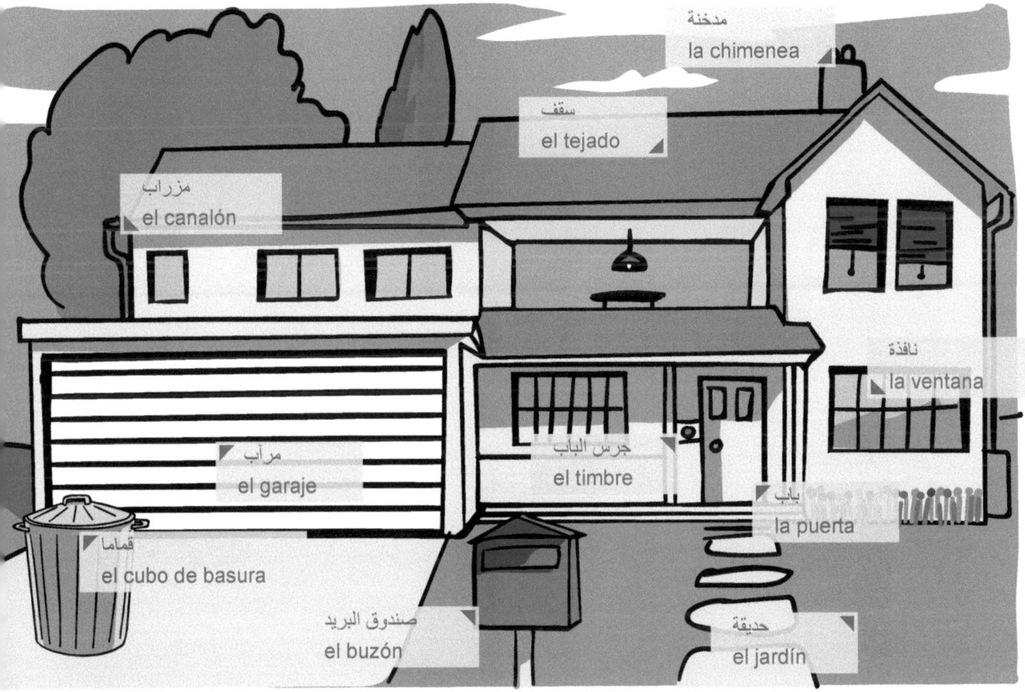

غرفة جلوس
....
la sala

الحمّام
....
el cuarto de baño

مطبخ
....
la cocina

غرفة النوم
....
el dormitorio

غرفة الأطفال
....
la habitación de los niños

غرفة الطعام
....
el comedor

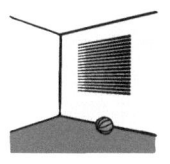

أرضية
....
el suelo

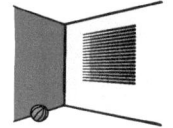

حائط
....
la pared

سقف
....
el techo

قبو
....
el sótano

ساونا
....
la sauna

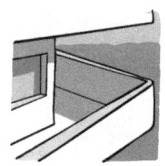

بلكون
....
el balcón

شرفة
....
la terraza

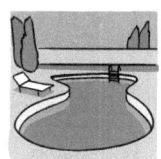

مسبح
....
la piscina

جزّازة العشب
....
el cortacésped

بياضات السرير
....
la sábana

بطانية
....
la colcha

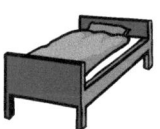

سرير
....
la cama

مكنسة
....
la escoba

سطل
....
el balde

مفتاح كهربائي
....
el interruptor

غرفة جلوس
la sala

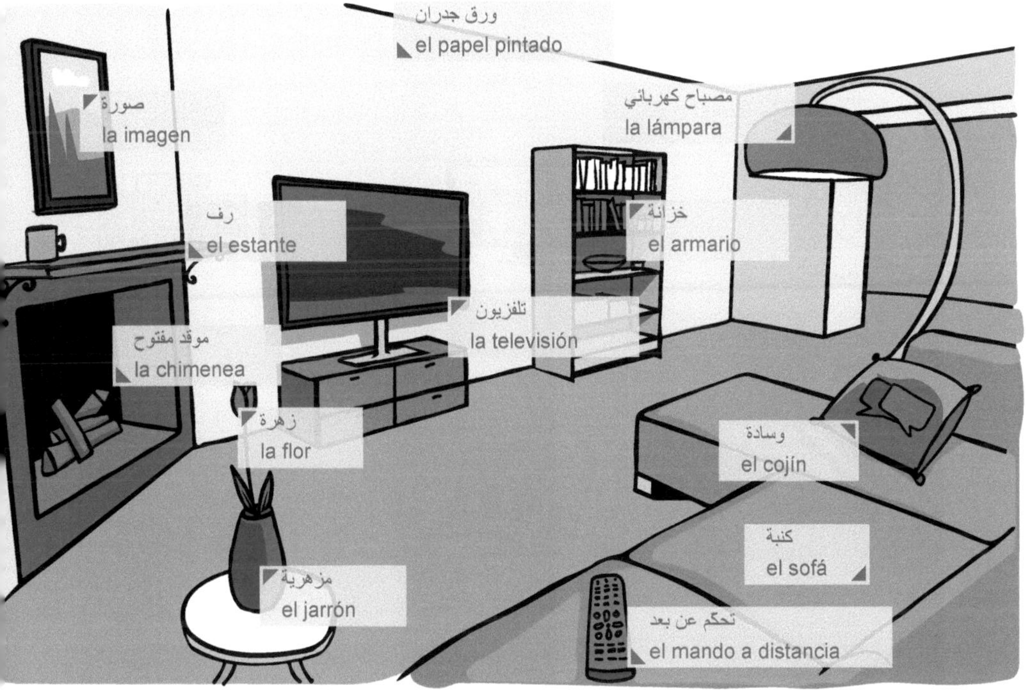
ورق جدران
el papel pintado
صورة
la imagen
مصباح كهربائي
la lámpara
رف
el estante
خزانة
el armario
تلفزيون
la televisión
موقد مفتوح
la chimenea
زهرة
la flor
وسادة
el cojín
كنبة
el sofá
مزهرية
el jarrón
تحكم عن بعد
el mando a distancia

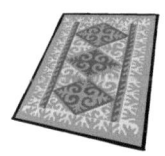

بصاط

la alfombra

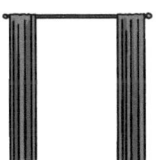

ستارة

la cortina

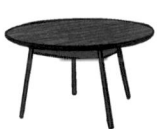

طاولة

la mesa

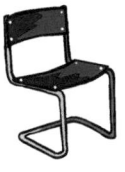

كرسي

la silla

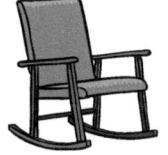

كرسي هزّاز

el mecedora

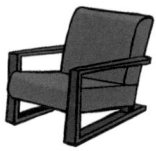

كرسي ذو ذراعين

la butaca

الكتاب

el libro

بطانية

la manta

زخرفة

la decoración

الحطب

la leña

فيلم

la película

تجهيزات ستيريو

el equipo de música

مفتاح

la llave

جريدة

el periódico

لوحة مرسومة

la pintura

مُلصق

el póster

راديو

la radio

دفتر ملاحظات

el cuaderno

المكنسة الكهربائية

la aspiradora

صبّار

el cactus

شمعة

la vela

مطبخ

la cocina

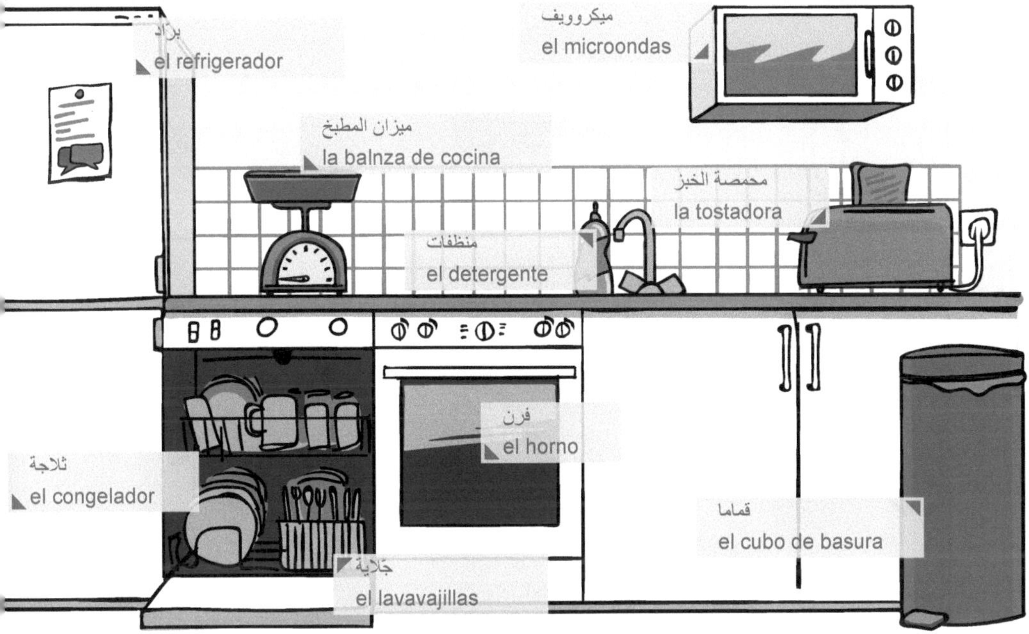

براد
el refrigerador
ميكروويف
el microondas
ميزان المطبخ
la balnza de cocina
محمصة الخبز
la tostadora
منظفات
el detergente
فرن
el horno
ثلاجة
el congelador
قماما
el cubo de basura
جَلاية
el lavavajillas

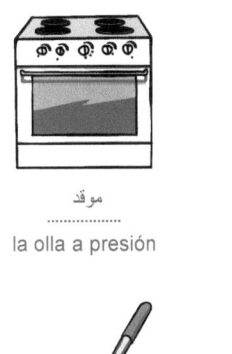

موقد

la olla a presión

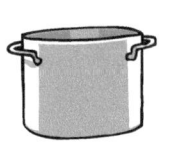

قِدر

la olla

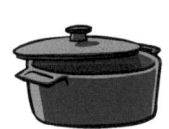

وعاء من الحديد

la olla de hierro fundido

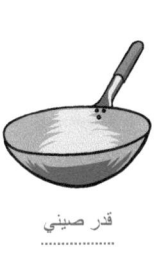

قدر صيني

el wok

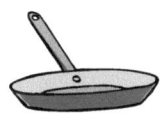

مقلاة

la cazuela

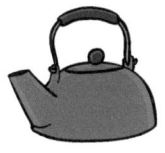

غلاية

el hervidor

قدر البخار

la vaporera

صينية

la chapa de horno

أواني

la vajilla

فنجان

la taza

صحن

el tazón

عيدان الأكل

los palillos

مغرفة

el cucharón

ملعقة منبسطة

la espumadera

خفاقة

el batidor

مصفاة

el colador

مصفاة

el cedazo

مبشرة

el rallador

هاون

el mortero

شواء

la barbacoa

موقد

la hoguera

لوح التقطيع

la tabla de picar

نشّابة

el rodillo

مفتاح الزجاجات

el sacacorchos

علبة

la lata

مفتاح العلب المعدنية

el abrelatas

قماش الفرن

el agarrador

مجلى

el lavabo

فرْشاة

el cepillo

إسفنج

la esponja

خلاط

la batidora

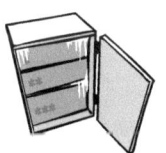

مجمّدة

el congelador

زجاجة الطفل

el biberón

صنبور الماء

el grifo

el cuarto de baño

دوش
la ducha

تدفئة
la calefacción

منشفة
la toalla

ستارة الدوش
la cortina de la ducha

حمام رغوة
el baño de espuma

حوض الحمام
la bañera

كأس
el vaso

غسّالة
la lavadora

بلاط
las baldosas

صنبور الماء
el grifo

قفازات مطاطية
el orinal

مجلى
el lavabo

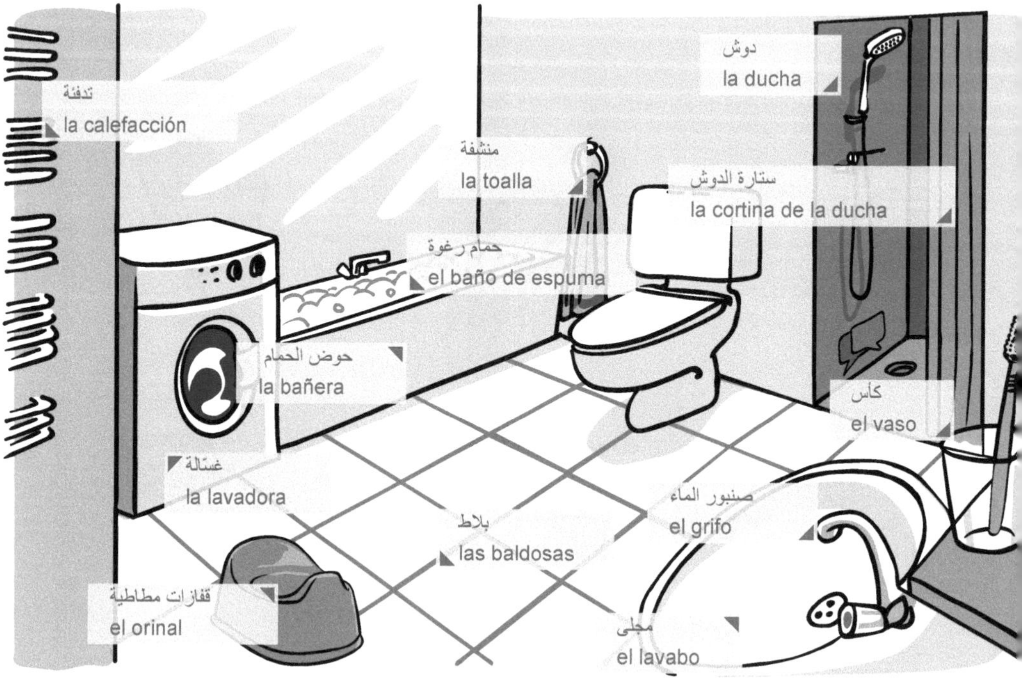

حمام
el inodoro

مرحاض القرفصاء
el inodoro rústico

حوض التشطيف
el bidé

مبولة
el urinario

ورق المرحاض
el papel higiénico

فرشاة الحمام
la escobilla del váter

فرشاة الأسنان

el cepillo de dientes

معجون الأسنان

la pasta de dientes

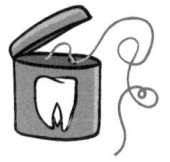

خيط حرير لتنظيف الأسنان

el hilo dental

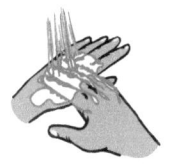

يغسل

lavar

رشاش ماء يدوي

la ducha de mano

شطاف

la ducha íntima

حوض الغسيل

la pila

فرشاة الظهر

el cepillo de espalda

صابون

el jabón

جيل الدوش

el gel de ducha

شامبو

el champú

ممسحة

la toallita

مصرف للماء

el desagüe

مرهم

la crema

مزيل الروائح

el desodorante

مرآة

el espejo

مرآة يد

el espejo de tocador

موس حلاقة

la maquinilla de afeitar

رغوة الحلاقة

la espuma de afeitar

كولونيا

la loción postafeitado

مشط

el peine

فرشاة

el cepillo

سشوار

el secador

مثبت للشعر

la laca

ماكياج

el maquillaje

روج

el pintalabios

طلاء أظافر

el pintauñas

قطن

el algodón

مقص أظافر

el cortauñas

عطر

el perfume

سلّة الغسيل

el estuche de viaje

مقعد صغير

la banqueta

ميزان

la balanza

معطف الحمام

el albornoz

قفازات مطاطية

los guantes de goma

سدادة قطنية

el tampón

منشفة صحية

la compresa

تواليت كيميائية

el inodoro químico

غرفة الأطفال

la habitación de los niños

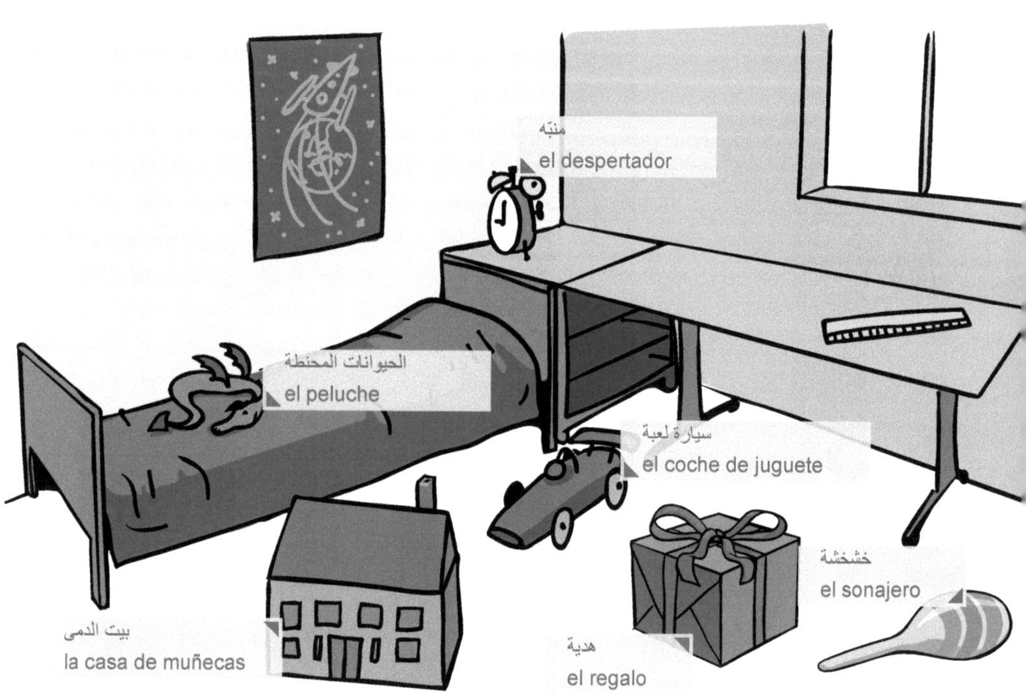
منبه
el despertador
الحيوانات المحنطة
el peluche
سيارة لعبة
el coche de juguete
خشخشة
el sonajero
بيت الدمى
la casa de muñecas
هدية
el regalo

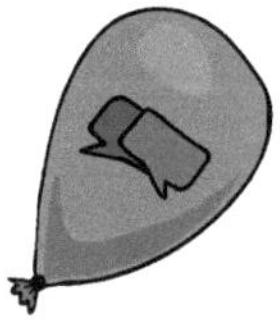

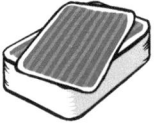

بالون

el globo

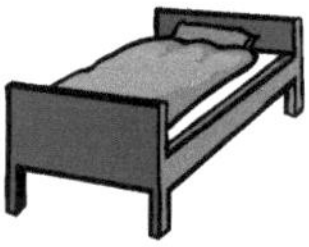

سرير

la cama

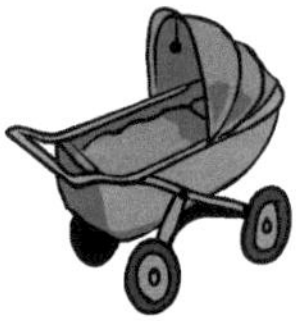

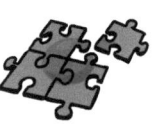

عربة الأطفال

el coche de niño

لعبة الورق

los naipes

أحجية

el puzle

SUPER
MEGA

رسوم هزلية

el tebeo

أحجار الليغو

las piezas de lego

حجارة تركيب

los bloques de juguete

دمية بطل

la figura de acción

لباس الطفل

el bodi (de bebé)

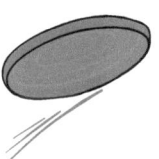

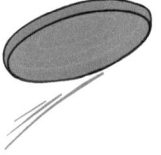

فريسبي

el frisbee

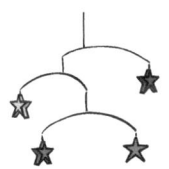

دمية معلّقة

el colgador móvil para
bebés

لعبة الطاولة

el juego de mesa

لعبة النرد

los dados

لعبة قطار

el circuito de tren eléctrico

مصّاصة

el maniquí

حفلة

la fiesta

كتاب مصوّر

el álbum de fotos

كرة

la pelota

دمية

la muñeca

يلعب

jugar

ملعب رملي للأطفال

el cajón de arena

أرجوحة

el columpio

لعبة

los juguetes

ألعاب فيديو

la videoconsola

دراجة ثلاثية

el triciclo

دمية على شكل الدب

el oso de peluche

خزانة الثياب

la guardarropa

ثياب

la ropa

جوارب قصيرة

los calcetines

جوارب طويلة

las medias

جورب بنطلون

los leotardos

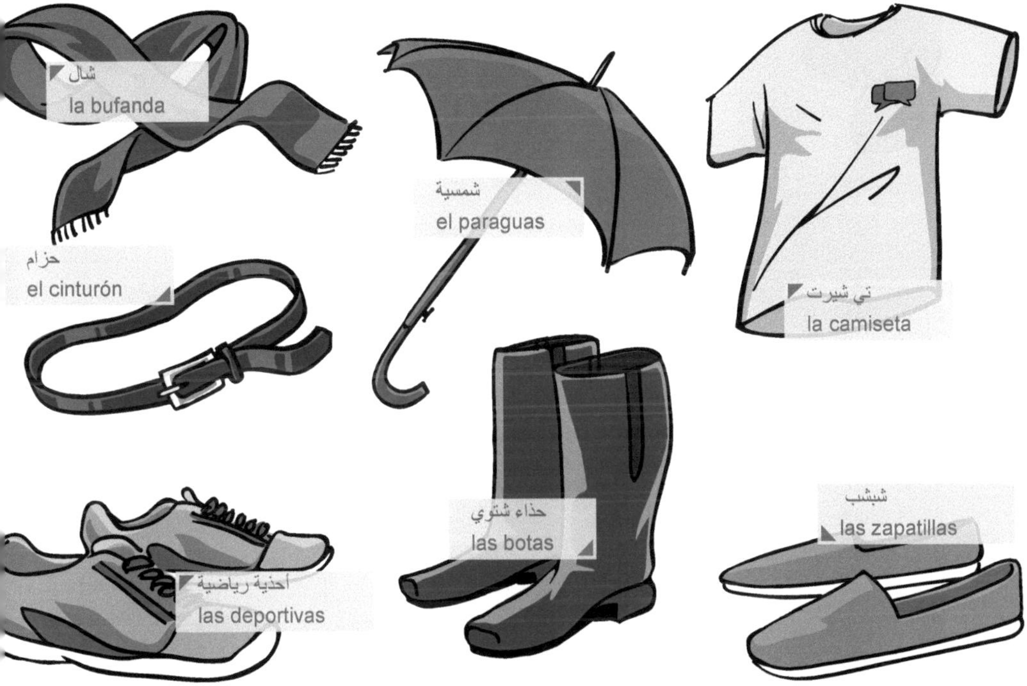

شال
la bufanda

شمسية
el paraguas

تي شيرت
la camiseta

حزام
el cinturón

حذاء شتوي
las botas

شبشب
las zapatillas

أحذية رياضية
las deportivas

صندل
las sandalias

حذاء
los zapatos

جزمة كاوتشوك
las botas de goma

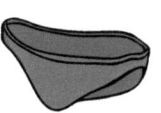

سروال داخلي
el slip

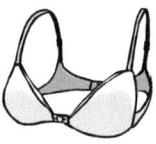

صدّارة
el sostén

قميص داخلي
el chaleco

لباس ملاصق للجسم

el bodi

بنطلون

los pantalones cortos

جينز

los vaqueros

تَنّورة

la falda

بلوزة

la blusa

قميص

la camisa

سترة قطنية

el jersey

كنزة كم طويل

el suéter

سترة فضفاضة

el blazer

سترة

la chaqueta

معطف

el abrigo

معطف مطري

la gabardina

زي - طقم نسائي

el traje

ثوب

el vestido

ثوب الزفاف

el vestido de novia

طقم
....
el traje

قميص نوم
....
el camisón

بيجاما
....
el pijama

ساري
....
el sati

حجاب
....
el bandana

عمامة
....
el turbante

برقع
....
la burka

قفطان
....
el caftán

عباءة
....
la abaya

مايوه
....
el traje de baño

سروال سباحة
....
el bañador

شرت
....
los pantalones cortos

بدلة رياضية
....
el chándal

منزر
....
el delantal

قفازات
....
los guantes

زرّ

el botón

نظّارة

las gafas

إسوارة

el brazalete

عقد

el collar

خاتم

el anillo

قرط

el pendiente

طاقيّة

la gorra

علّاقة ثياب

la percha

قَبّعة

el sombrero

ربطة العنق

la corbata

سحّاب

la cremallera

خوذة

el casco

حمّالة البنطلون

los tirantes

اللباس المدرسي

el uniforme

زيّ موحّد

el uniforme

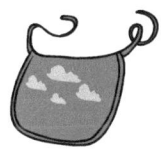

مريلة الأطفال
....
el babero

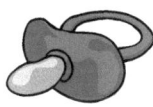

مصّاصة
....
el maniquí

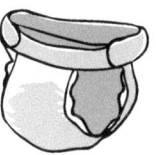

لفافة
....
el pañal

مكتب
la oficina

المخدّم
el servidor
خزانة الملفات
el archivo
طابعة
la impresora
ورقة
el papel
شاشة
el monitor
فارة
el ratón
طاولة المكتب
el escritoria
ملف
la carpeta
لوحة المفاتيح
el teclado
قماما
la papelera
حاسوب
el ordenador
كرسي
la silla

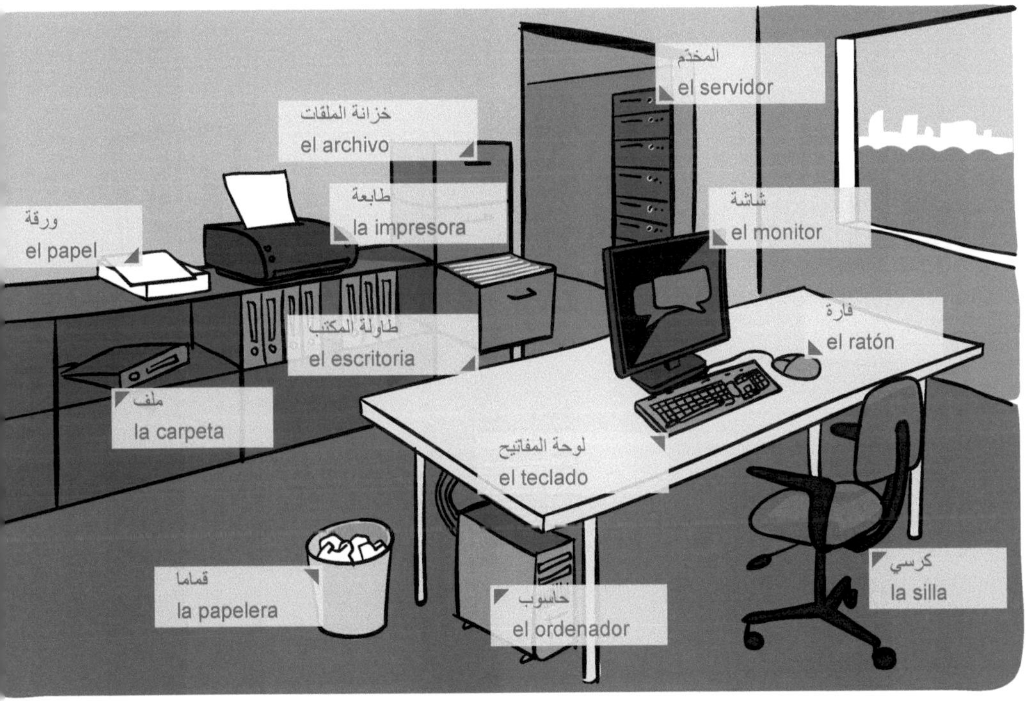

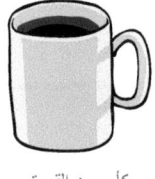

كأس من القهوة
....
la taza de café

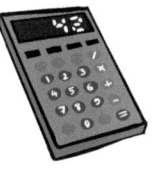

الآلة الحاسبة
....
la calculadora

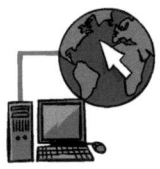

الإنترنت
....
el internet

الحاسوب المحمول

el portátil

رسالة

la carta

خبر

el mensaje

الهاتف المحمول

el móvil

شبكة

la red

جهاز تصوير

la fotocopiadora

البرمجيات

el software

هاتف

el teléfono

مقبس كهربائي

la toma de corriente

فاكس

el fax

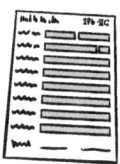

استمارة

el formulario

وثيقة

el documento

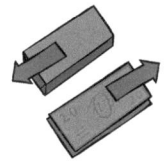

يَشْتَري

comprar

يَدفع

pagar

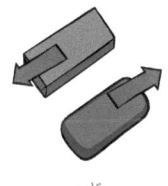

يَتاجر

comerciar

مال

el dinero

دولار

el dólar

يورو

el euro

ين

el yen

روبل

el rublo

فرنك سويسري

el franco suizo

يوان

el renminbi yuan

روبية

la rupia

صرّاف آلي

el cajero automático

مكتب صرافة

la oficina de cambio de
divisas

ذهب

el oro

فضة

la plata

نفط

el petróleo

طاقة

la energía

سعر

el precio

عقد

el contrato

ضريبة

el impuesto

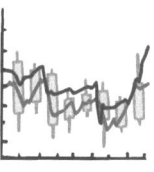

سهم

la acción

يعمل

trabajar

موظف

el empleador

رب العمل

el empleador

مصنع

la fábrica

متجر

la tienda de campaña

المِهَن

los oficios

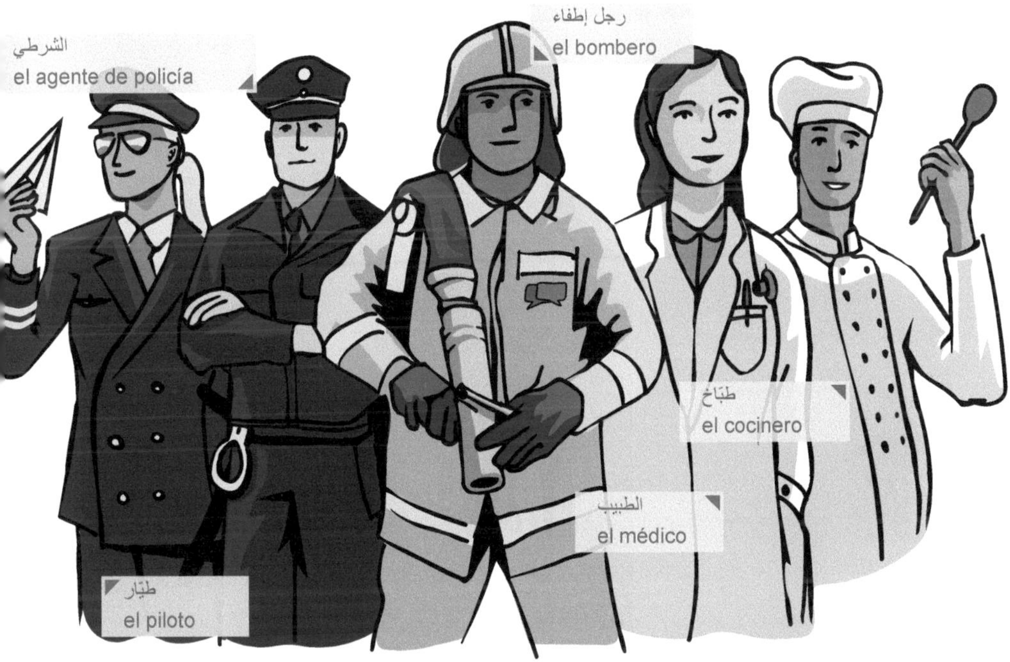

الشرطي
el agente de policía
رجل إطفاء
el bombero
طبّاخ
el cocinero
الطبيب
el médico
طيّار
el piloto

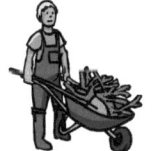

بستاني

el jardinero

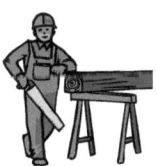

نجّار

el carpintero

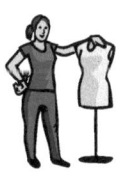

خيّاطة

la costurera

قاض

el juez

كيميائي

el farmacéutico

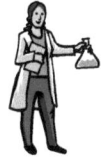

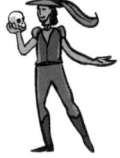

ممثل

el actor

سائق حافلة

el conductor de autobús

سائق تاكسي

el taxista

صياد سمك

el pescador

أجيرة للتنظيف

la señora de la limpieza

بناء سقف

el techador

نادل

el camarero

صيّاد

el cazador

رسّام

el pintor

خبّاز

el panadero

كهربائي

el electricista

عامل بناء

el obrero

مهندس

el ingeniero

لحّام

el carnicero

سمكري

el fontanero

ساعي البريد

el cartero

جندي
....
el soldado

مهندس معماري
....
el arquitecto

أمين صندوق
....
el cajero

بائع الزهور
....
el florista

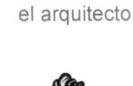

حلاق
....
el peluquero

مراقب القطار
....
el revisor

ميكانيكي
....
el mecánico

قبطان
....
el capitán

طبيب أسنان
....
el dentista

رجل العلم
....
el científico

حاخام
....
el rabino

إمام
....
el imán

راهب
....
el monje

كاهن
....
el sacerdote

عدة عمل

las herramientas

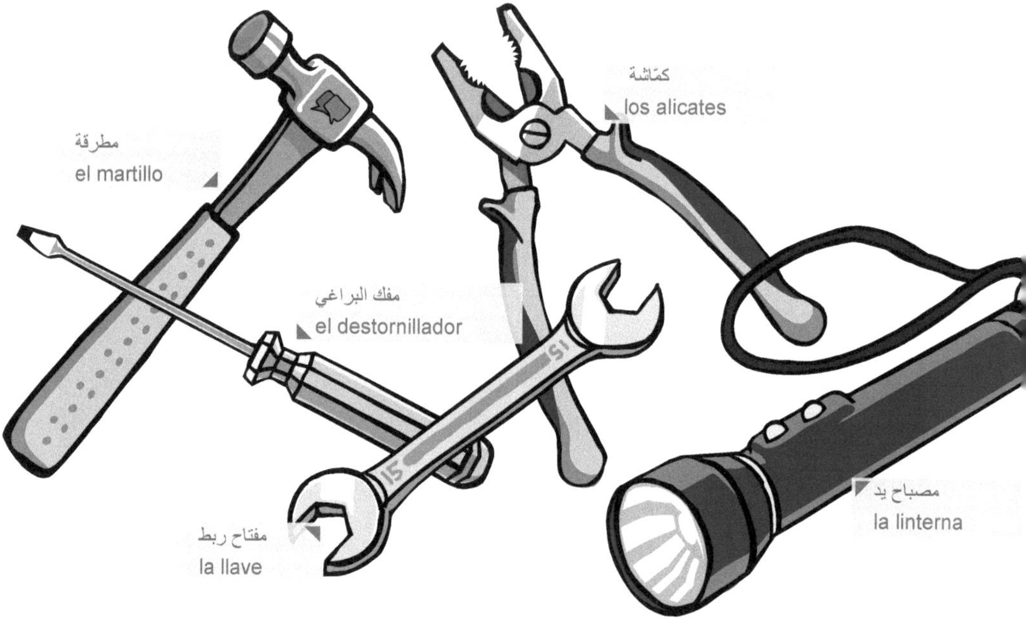

كمّاشة
los alicates
مطرقة
el martillo
مفك البراغي
el destornillador
مصباح يد
la linterna
مفتاح ربط
la llave

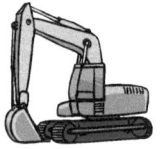

جرافة

....

la excavadora

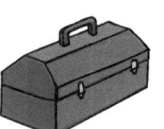

صندوق العدة

....

la caja de herramientas

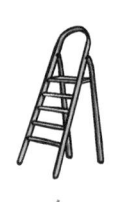

سلّم

....

la escalera de mano

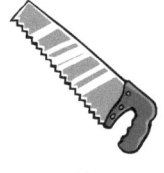

منشار

....

la sierra

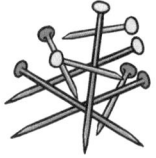

مسامير

....

los clavos

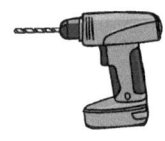

مثقب

....

el taladro

يصلح

reparar

مجرفة

la pala

اللعنة

¡Maldita sea!

لقاطة الكناسة

el recogedor

سطل الألوان

el bote de pintura

براغي

los tornillos

آلات موسيقية

los instrumentos musicales

مكبر الصوت
el altavoz

آلات الإيقاع
la batería

غيتار
la guitarra

كمان أجهر
el contrabajo

بوق
la trompeta

بيانو

el piano

كمنجة

el violín

جيتار

bajo

طبل كبير

los timbales

طبل

el tambor

بيانو كهربائي

el teclado

ساكسوفون

el saxofón

ناي

la flauta

ميكروفون

el micrófono

حديقة حيوانات

el zoo

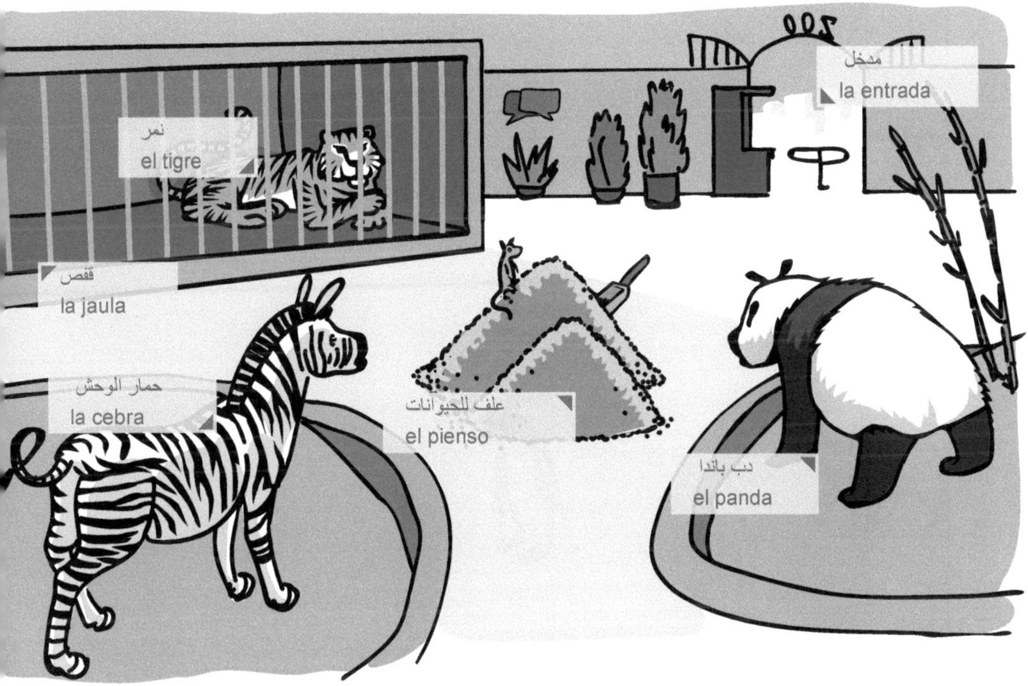

مدخل
la entrada
نمر
el tigre
قفص
la jaula
حمار الوحش
la cebra
علف للحيوانات
el pienso
دب باندا
el panda

حيوانات
....
los animales

فيل
....
el elefante

كنغر
....
el canguro

وحيد القرن
....
el rinoceronte

غوريلا
....
el gorila

دب
....
el oso

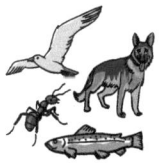

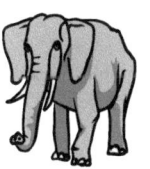

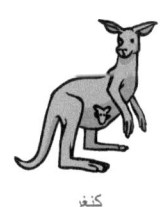

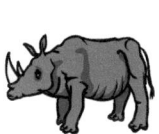

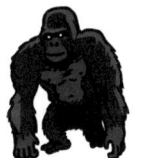

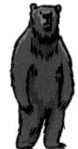

جمل

el camello

نعامة

el avestruz

أسد

el león

قرد

el mono

طائر فلامينغو

el flamingo

ببغاء

el loro

دب قطبي

el oso polar

بطريق

el pingüino

سمك القرش

el tiburón

طاووس

el pavo real

أفعى

la serpiente

تمساح

el cocodrilo

حارس في حديقة الحيوان

el guardián de zoológico

عجل البحر

la foca

نمر أمريكي مرقط

el jaguar

فرس قزم

el poni

نمر

el leopardo

فرس النهر

el hipopótamo

زرافة

la jirafa

نسر

el águila

خنزير برّي

el jabalí

سمك

el pescado

سلحفاة

la tortuga

حيوان فظ البحري

la morsa

ثعلب

el zorro

غزال

la gacela

los deportes

كرة القدم الأمريكية
el fútbol americano

ركوب الدراجات
el ciclismo

كرة التنس
el tenis

كرة السلة
el baloncesto

السباحة
la natación

الملاكمة
el boxeo

هوكي الجليد
el hockey sobre hielo

كرة القدم
....
el fútbol

الريشة الطائرة
....
el bádminton

ألعاب القوى الخفيفة
....
el atletismo

كرة اليد
....
el balonmano

التزلج على الثلج
....
el esquí

بولو
....
el polo

las actividades

يكتب	يرسم	يُري
escribir	dibujar	mostrar
يدفع	يعطي	يأخذ
empujar	dar	tomar

يملك

tener

يعمل

hacer

يوجد

ser

يقف

estar de pie

يركض

correr

يسحب

tirar

يرمي

tirar

يقع

caer

يستلقي

yacer

ينتظر

esperar

يحمل

llevar

يجلس

estar sentado

يلبس

vestirse

ينام

dormir

يستيقظ

despertar

ينظر إلى ..

mirar

يبكي

llorar

يمسّد

acariciar

يمشّط

peinar

يتكلم

hablar

يفهم

entender

يسأل

preguntar

يسمع

escuchar

يشرب

beber

ياكل

comer

يرتب

ordenar

يحب

amar

يطبخ

cocinar

يقود

conducir

يطيّر

volar

يبحر بزورق شراعي

navegar

يحسب

calcular

يقرأ

leer

يتعلم

aprender

يعمل

trabajar

يتزوج

casarse

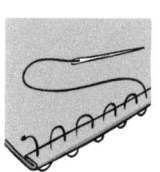

يخيط

coser

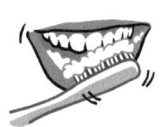

ينظف أسنانه

cepillarse los dientes

يقتل

matar

يدخّن

fumar

يرسل

enviar

عائلة

la familia

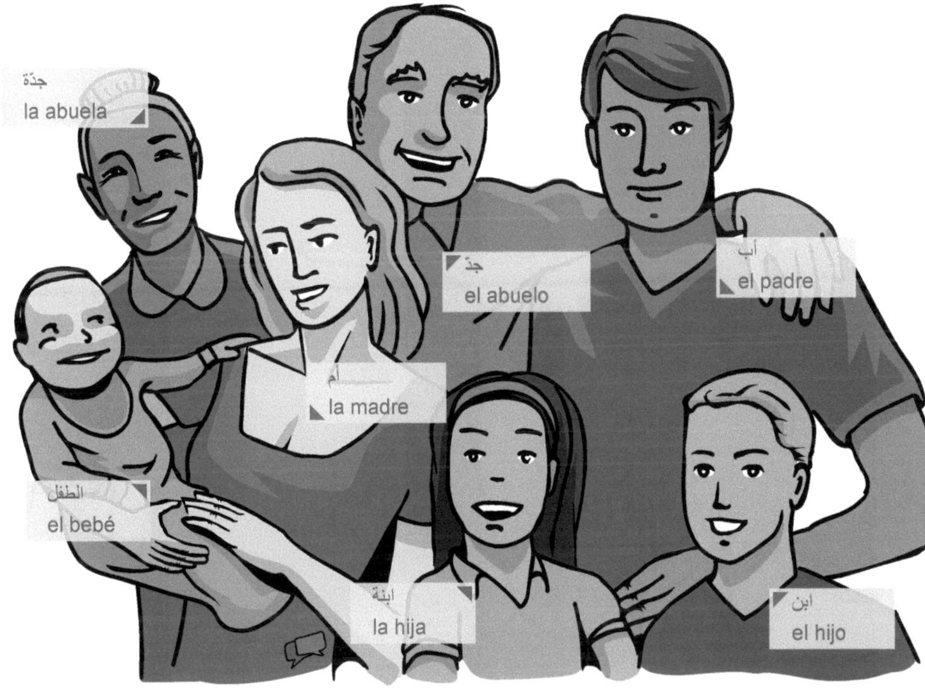

جدّة
la abuela
جدّ
el abuelo
أب
el padre
أم
la madre
الطفل
el bebé
ابنة
la hija
ابن
el hijo

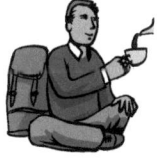

ضيف

el invitado

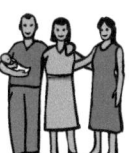

عمّة / خالة

la tía

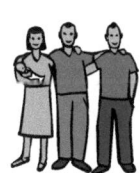

عمّ / خال

el tío

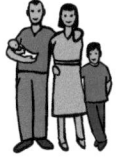

أخ

el hermano

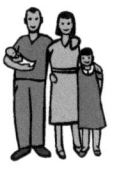

أخت

la hermana

الجسم

el cuerpo

الجبين
la frente
العين
el ojo
الكتف
el hombro
الإصبع
el dedo
الوجه
la cara
الذقن
la barbilla
اليد
la mano
الساق
la pierna
الصدر
el pecho
الذراع
el brazo

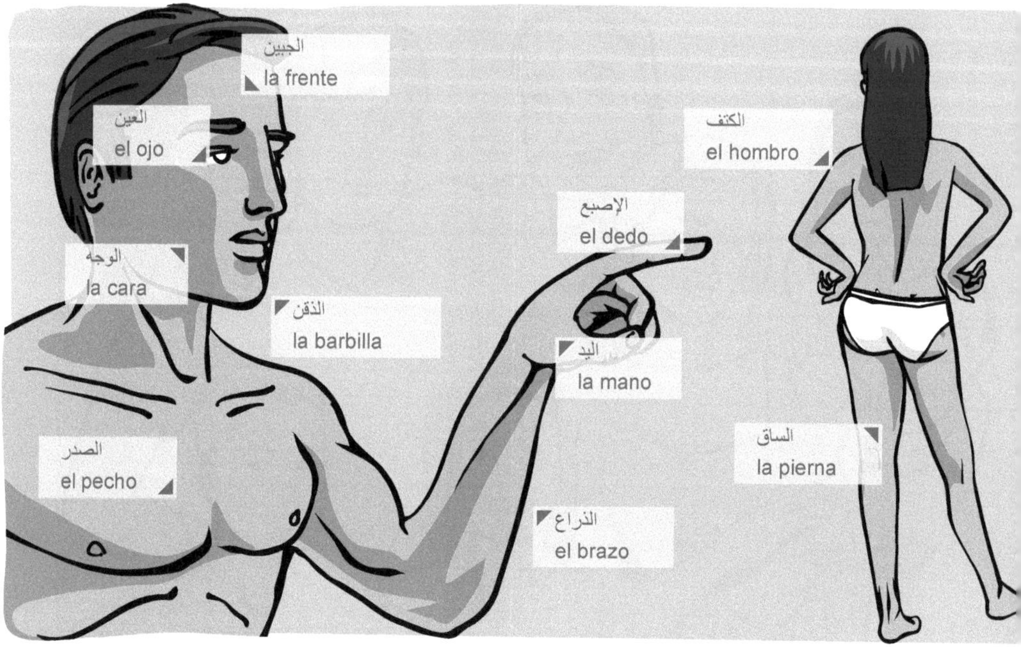

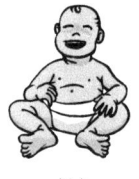

الطفل

el bebé

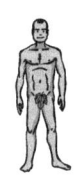

الرجل

el hombre

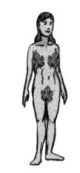

المرأة

la mujer

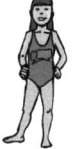

البنت

la chica

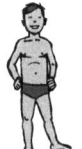

الولد

el chico

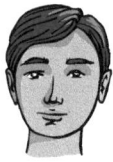

الرأس

la cabeza

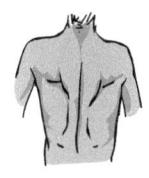

الظهر

la espalda

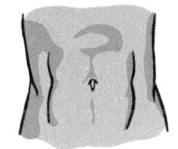

البطن

el vientre

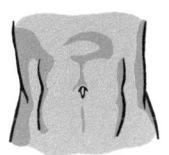

السرّة

el ombligo

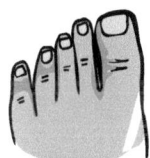

إصبع القدم

el dedo del pie

الكعب

el talón

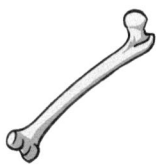

العظم

el hueso

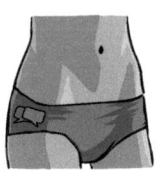

الورك

la cadera

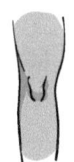

الركبة

la rodilla

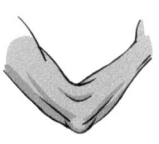

المرفق

el codo

الأنف

la nariz

العَجُز

el trasero

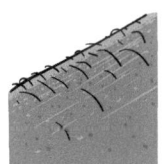

البشرة

la piel

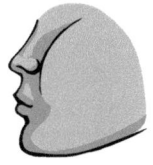

الخد

la mejilla

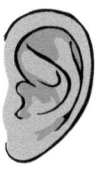

الأذن

el oído

الشفة

el labio

الفم

la boca

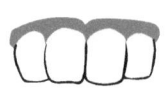

السن

el diente

اللسان

la lengua

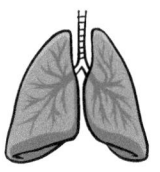

الدماغ

el cerebro

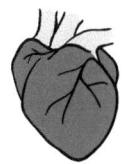

القلب

el corazón

العضلة

el músculo

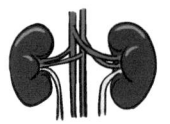

الرئة

el pulmón

الكبد

el hígado

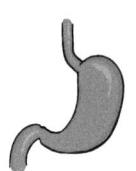

المعدة

el estómago

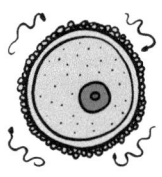

الكلى

los riñones

الاتصال الجنسي

el sexo

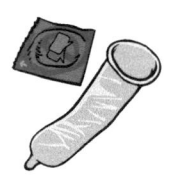

الواقي المطاطي

el condón

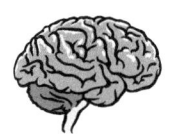

البويضة

el ovario

المنيّ

el semen

الحمل

el embarazo

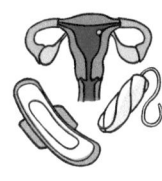

الحيض
....
la menstruación

المهبل
....
la vagina

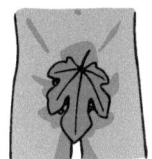

القضيب
....
el pene

الحاجب
....
la ceja

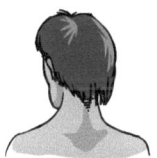

الشعر
....
el pelo

الرقبة
....
el cuello

المستشفى
el hospital

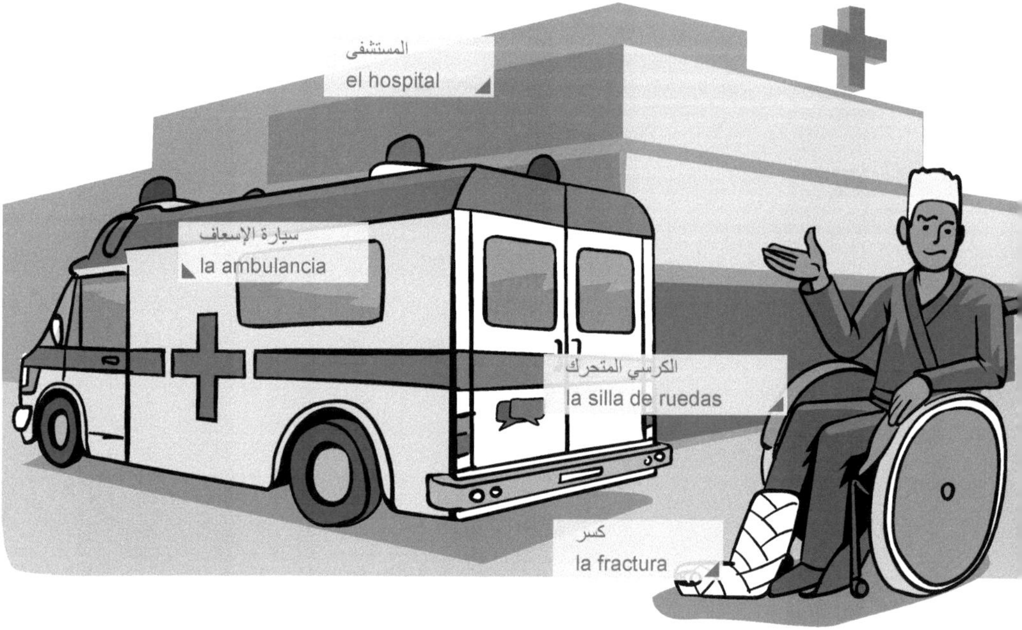

المستشفى
el hospital
سيارة الإسعاف
la ambulancia
الكرسي المتحرك
la silla de ruedas
كسر
la fractura

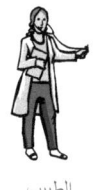

الطبيب
el médico

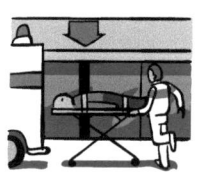

غرفة الإسعاف
la sala de urgencias

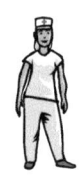

الممرضة
la enfermera

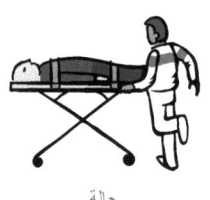

حالة
la urgencia

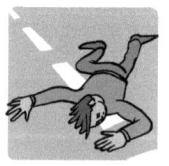

مغمى عليه
inconsciente

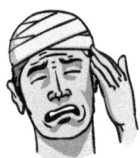

الألم
el dolor

إصابة

la lesión

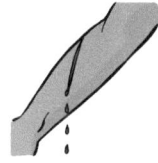

النزيف

la hemorragia

احتشاء القلب

el infarto

جلطة

el ictus

حسسية

la alergia

السعال

la tos

الحُمّى

la fiebre

إنفلونزا

la gripe

الإسهال

la diarrea

وجع الرأس

el dolor de cabeza

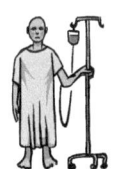

السرطان

el cáncer

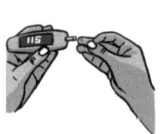

مرض السكر

la diabetes

جرّاح

el cirujano

مبضع

el bisturí

عملية

la operación

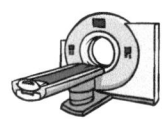

سيتي سكان

TAC

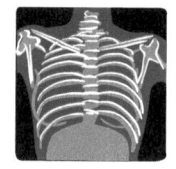

الأشعة السينية

los rayos x

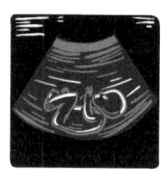

فوق الصوتي

el ultrasonido

القناع

la mascarilla

المرض

la enfermedad

غرفة الانتظار

la sala de espera

العُكاز

la muleta

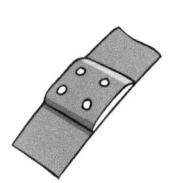

شريط لاصق

la tirita

ضماد

la venda

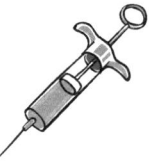

حقنة

la inyección

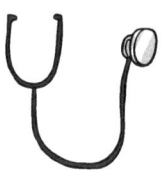

سمَّاعة الطبيب

el estetoscopio

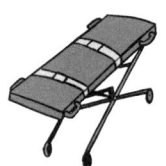

نقالة

la camilla

ميزان حرارة

el termómetro

ولادة

el nacimiento

وزن زائد

el sobrepeso

جهاز السمع

el audífono

المواد المعقمة

el desinfectante

عدوى

la infección

فيروس

el virus

الإيدز

VIH / SIDA

الطب

la medicina

اللقاح

la vacunación

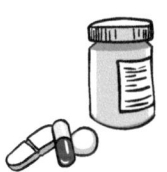

أقراص الدواء

las tabletas

حبّة الدواء

la pastilla

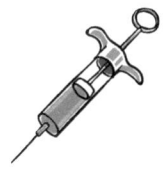

نداء النجدة

la llamada de urgencia

مقياس ضغط الدم

el tensiómetro

مريض / صحيح

enfermo / sano

la urgencia

النجدة!

¡Socorro!

إنذار

la alarma

اعتداء

el asalto

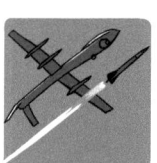

هجوم

el ataque

خطر

el peligro

مخرج طوارئ

la salida de emergencia

حريق!

¡Fuego!

جهاز الإطفاء

el extintor de incendios

حادث

el accidente

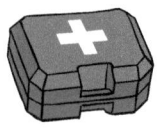

حقيبة الإسعاف الأولي

el botiquín de primeros auxilios

أنقذونا

SOS

الشرطة

la policía

أوروبا

Europa

أمريكا الشمالية

Norteamérica

أمريكا الجنوبية

Sudamérica

أفريقيا

África

آسيا

Asia

أستراليا

Australia

المحيط الأطلسي

el atlántico

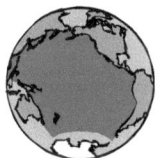

المحيط الهادي

el Pacífico

المحيط الهندي

el Océano Índico

المحيط المتجمد الجنوبي

el Océano Antártico

المحيط المتجمد الشمالي

el Océano Ártico

القطب الشمالي

el polo norte

القطب الجنوبي
....
el polo sur

منطقة القطب الجنوبي
....
La Antártida

أرض
....
la tierra

بر
....
la tierra

بحر
....
el mar

جزيرة
....
la isla

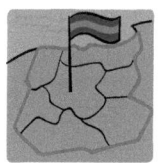

أمة
....
la nación

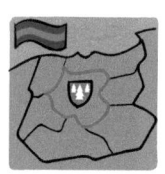

دولة
....
el estado

ميناء الساعة
....
la esfera

عقرب الساعات
....
la manecilla de las horas

عقرب الدقائق
....
el minutero

عقرب الثواني
....
el segundero

كم الساعة الآن؟
....
¿Qué hora es?

يوم
....
el día

زمن
....
el tiempo

الآن
....
ahora

ساعة رقمية
....
el reloj digital

دقيقة
....
el minuto

ساعة
....
la hora

la semana

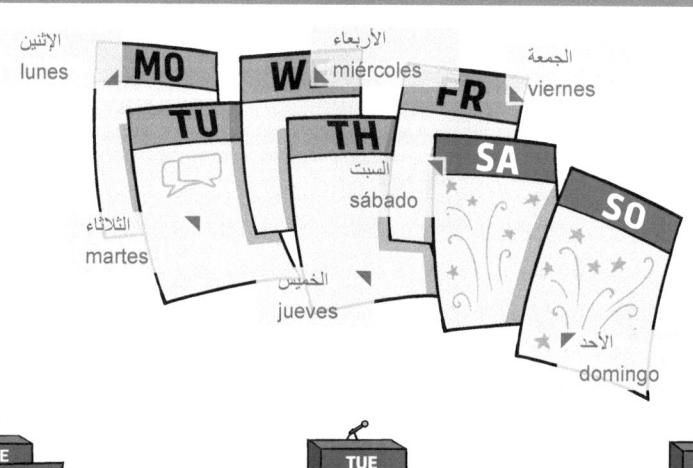

الإثنين
lunes

الأربعاء
miércoles

الجمعة
viernes

الثلاثاء
martes

الخميس
jueves

السبت
sábado

الأحد
domingo

الأمس
ayer

اليوم
hoy

غداً
mañana

الصباح
la mañana

الظهر
el mediodía

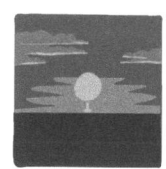

المساء
la tarde

MO	TU	WE	TH	FR	SA	SU
1	2	3	4	5	6	7
8	9	10	11	12	13	14
15	16	17	18	19	20	21
22	23	24	25	26	27	28
29	30	31	1	2	3	4

أيام العمل
los días laborables

MO	TU	WE	TH	FR	SA	SU
1	2	3	4	5	6	7
8	9	10	11	12	13	14
15	16	17	18	19	20	21
22	23	24	25	26	27	28
29	30	31	1	2	3	4

نهاية الأسبوع
el fin de semana

سنة
el año

مطر
la lluvia
قوس قزح
el arcoíris
ثلج
la nieve
ريح
el viento
الربيع
la primavera
الخريف
el otoño
الصيف
el verano
الشتاء
el invierno

4.APRIL 11°
5.APRIL 4°
6.APRIL 13°
7.APRIL 8°
8.APRIL 10°

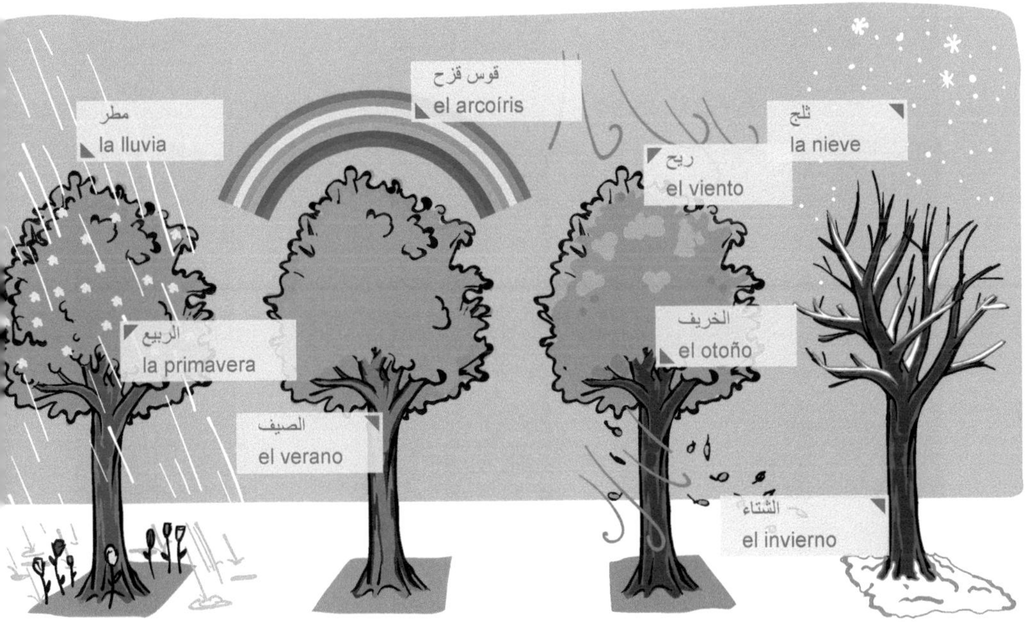

التنبّؤ بالحالة الجوية
....
el pronóstico del tiempo

F C
120 40
90 30
60 20
30 10
0 0
-30 -10
-20

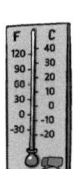

مقياس حرارة
....
el termómetro

ضوء الشمس
....
el sol

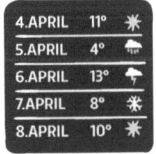

سحابة
....
la nube

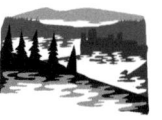

ضباب
....
la niebla

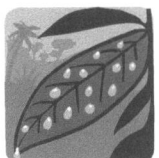

رطوبة الجو
....
la humedad

برق
....
el rayo

رعد
....
el trueno

عاصفة
....
la tormenta

بَرَد
....
el granizo

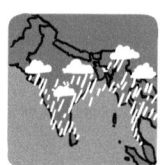

ريح موسمية
....
el monzón

طوفان
....
la inundación

جليد
....
el hielo

كانون الثاني / يناير
....
enero

شباط / فبراير
....
febrero

آذار / مارس
....
marzo

نيسان / أبريل
....
abril

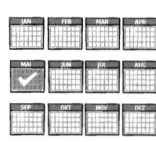

أيار / مايو
....
mayo

حزيران / يونيو
....
junio

تموز / يوليو
....
julio

أب / أغسطس
....
agosto

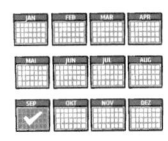

أيلول / سبتمبر

septiembre

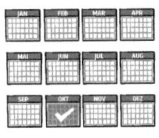

تشرين الأول / أكتوبر

octubre

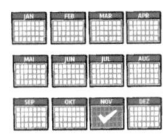

تشرين الثاني / نوفمبر

noviembre

كانون الأول / ديسمبر

diciembre

أشكال

las formas

دائرة

el círculo

مربّع

el cuadrado

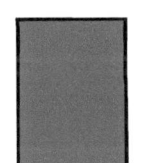

مستطيل

el rectángulo

مثلّث

el triángulo

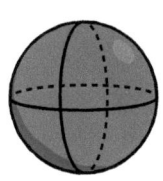

كرة

la esfera

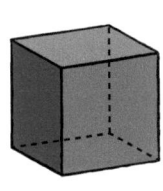

مكعب

el cubo

أبيض

blanco

أصفر

amarillo

برتقالي

anaranjado

وردي

rosa

أحمر

rojo

بنفسجي

morado

أزرق

azul

أخضر

verde

بني

marrón

رمادي

gris

أسود

negro

los opuestos

كثير / قليل

mucho / poco

غضبان / هادئ

enojado / tranquilo

جميل / قبيح

bonito / feo

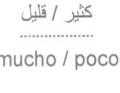

بداية / نهاية

principio / fin

كبير / صغير

grande / pequeño

فاتح / قاتم

claro / oscuro

أخ / أخت

el hermano / la hermana

نظيف / وسخ

limpio / sucio

كامل / ناقص

completo / incompleto

نهار / ليل

el día / la noche

ميت / حيّ

muerto / vivo

عريض / ضيّق

ancho / estrecho

صالح للأكل / غير صالح

comestible / no comestible

شرّير / لطيف

malo / amable

مثير / ممل

entusiasmado / aburrido

سمين / نحيف

gordo / delgado

أولاً / أخيراً

primero / último

صديق / عدو

el amigo / el enemigo

مليء / فارغ

lleno / vacío

صلب / ليّن

duro / blando

ثقيل / خفيف

pesado / ligero

جوع / عطش

el hambre / la sed

مريض / صحيح

enfermo / sano

غير شرعي / شرعي

ilegal / legal

ذكي / غبي

inteligente / tonto

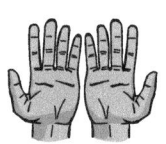

يسار / يمين

izquierda / derecha

قريب / بعيد

cerca / lejos

جديد / مستعمل

nuevo / usado

لا شيء / بعض الشيء

nada / algo

مسن / شاب

viejo / joven

يشعل / يطفئ

encendido / apagado

مفتوح / مغلق

abierto / cerrado

خافت / عال

silencioso / ruidoso

غني / فقير

rico / pobre

صح / خطأ

correcto / incorrecto

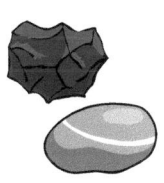

أحرش / املس

áspero / suave

حزين / سعيد

triste / contento

قصير / طويل

corto / largo

بطيء / سريع

lento / rápido

مبلول / جاف

húmedo / seco

ساخن / بارد

cálido / frío

حرب / سلم

guerra / paz

los números

0

صفر

cero

1

واحد

uno

2

اثنان

dos

3

ثلاثة

tres

4

أربعة

cuatro

5

خمسة

cinco

6

ستة

seis

7

سبعة

siete

8

ثمانية

ocho

9

تسعة

nueve

10

عشرة

diez

11

أحد عشر

once

12

اثنا عشر

doce

13

ثلاثة عشر

trece

14

أربعة عشر

catorce

15

خمسة عشر

quince

16

ستة عشر

dieciséis

17

سبعة عشر

diecisiete

18

ثمانية عشر

dieciocho

19

تسعة عشر

diecinueve

20

عشرون

veinte

100

مائة

cien

1.000

ألف

mil

1.000.000

مليون

el millón

los idiomas

الإنكليزية

el inglés

الإنكليزية الأمريكية

el inglés americano

لغة ماندارين الصينية

el chino madarín

الهندية

el hindi

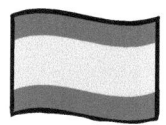

الإسبانية

el español

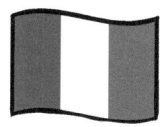

الفرنسية

el francés

العربية

el árabe

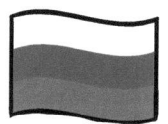

الروسية

el ruso

البرتغالية

el portugués

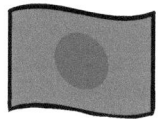

البنغالية

el bengalí

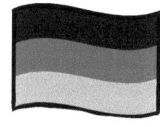

الألمانية

el alemán

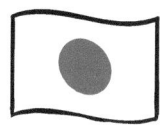

اليابانية

el japonés

أنا

yo

أنت

tú

هو / هي

él / ella / ello

نحن

nosotros/as

أنتم

vosotros/as

هم

ellos/as

من؟

¿quién?

ماذا؟

¿qué?

كيف؟

¿cómo?

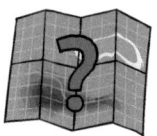

أين؟

¿dónde?

متى؟

¿cuándo?

اسم

el nombre

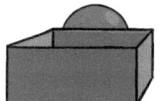

خلف

detrás

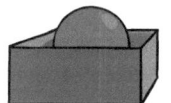

في

en

أمام

delante de

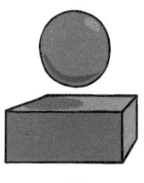

فوق

por encima de

على

sobre

تحت

debajo de

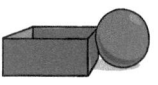

جنب

junto a

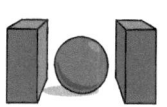

بين

entre

مكان

el lugar